Kein Kind mehr soll am letzten Tag geboren werden

Kein Kind mehr soll am letzten Tag geboren werden

Zum Autor

Prof. Dr. med. vet. habil. Dipl. jur. Arnulf Burckhardt, geb . 1939 in Chemnitz, lehrte an der Veterinärmedizinischen Fakultät der Universität Leipzig hauptsächlich in den Fächern Tierseuchenbekämpfung, Tierschutz und Veterinärrecht. In Leipzig absolvierte er ein Zweitstudium der Rechtswissenschaft. Die 1990 bis 1993 erfolgten Einschnitte in seiner Biografie hat er zusammengefasst in dem Buch »13 auf einen Streich« (Rosa-Luxemburg-Stiftung Sachsen 1998, ISBN 3-932725-72-7) niedergelegt. 1994 erhielt er die Zulassung als Rechtsanwalt und zur Rechtsanwaltschaft. Beim Ausscheiden aus dem Berufsleben war er freiberuflich als Rechtsanwalt tätig.

ARNULF BURCKHARDT

Kein Kind mehr soll am letzten Tag geboren werden

Bibliografische Information der Deutschen Nationalbibliothek
Die Deutsche Nationalbibliothek verzeichnet diese Publikation in der
Deutschen Nationalbibliografie; detaillierte bibliografische Daten sind im
Internet über http://dnb.d-nb.de abrufbar.

Umschlagdesign, Satz, Herstellung und Verlag:
BoD – Books on Demand, Norderstedt

ISBN 978-3-7568-5485-1

INHALT

Wir wollen weniger, aber besser – weniger Kinder, aber ein besseres Leben für die wenigen.

Welch eine gewaltige Macht, die sich auf viele Lebenszeiten erstreckt, haben die Unauffälligen und Unscheinbaren: gemeint ist die stille Macht der gebärfähigen Mädchen und Frauen. Vor ihnen halten die Großen, gierig nach Reichtum und Macht Strebenden, ihre Augen verschlossen und nehmen sie nicht ernst. Die Gebärfähigen greifen mit ihrer Entscheidung, keine Kinder zu gebären, der Welt ins Räderwerk, der Menschheit zum Wohle. Man nennt das auch kinderfrei, Gebärstreik / Birthstrike.

Als Zeugungsstreik wird die Verweigerungshaltung von Männern bezeichnet, Kinder zu zeugen.

Erstmalig in der Menschheitsgeschichte haben es heute die Menschen, insbesondere die Frauen, in der Hand, direkt und höchstpersönlich auf die Bevölkerungsentwicklung Einfluss zu nehmen, friedlich, allerdings nicht frei, denn sie haben mit Widerstand zu rechnen. Das objektive Ergebnis muss die Wiederherstellung des Gleichgewichts zwischen dem Weltressourcenverbrauch einschließlich Schadfolgen des Klimawandels einerseits und der Zahl der Weltbevölkerung andererseits sein. Ist dieses Gleichgewicht – das irgendwann in früherer Zeit bei wesentlich geringerer Bevölkerungszahl schon einmal bestand – erst wieder erreicht, muss es ständig neu justiert werden. Das ist eine der wichtigsten Aufgaben der Völkergemeinschaft unter Führung der UNO. Dann wird es auch wieder Platz für Tier – und Pflanzenarten geben, die heute vom Aussterben bedroht sind.

1. GESICHERTE FAKTEN UND ZUSAMMENHÄNGE

1.1. Gegenwärtig (2020) leben ca. 7,79 Mrd. Menschen auf der Erde, 1970 waren es 3,6 Mrd. und 1950 nur 2,5 Mrd. Menschen. Die Bevölkerung Deutschlands betrug 2021 83,1 Mio. und 1950 69,3 Mio. Menschen. Der Zuwachs der Weltbevölkerung liegt bei 78 Mio. im Jahr (Population Division of the Department of Economic and Social Affairs of the UN Secretariat 2012).

1.2. Der Pro-Kopf-Verbrauch eines Einwohners pro Jahr an Verbrauchsgegenständen wie Lebensmittel, Energie und Wasser ist in den Statistiken der Staaten nachzulesen.

1.3. Als Erdüberlastungstag (Earth Overshoot Day) wird der Tag des laufenden Jahres bezeichnet, an dem die menschliche Nachfrage nach nachwachsenden Rohstoffen das Angebot und die Kapazität zur Reproduktion dieser Ressourcen in diesem Jahr übersteigt. 2019 war das der 29.7. (Global Foodprint Network). Das entspricht etwa dem Verbrauch von 1,75 Erde-Einheiten. Wir leben also so, als gäbe es 1,75 Erden und nicht nur eine. In Deutschland ist der Erdüberlastungstag bereits Ende Mai erreicht worden, Deutschland brauchte also knapp 3 Erden.

1.4. Nach einem UN-Bericht zum Weltbevölkerungstag am 11. Juli sollen im November 2022 etwa 8 Mrd. Menschen auf der Erde leben. 2080 soll es etwa 10 Mrd. Menschen geben. Die durchschnittliche Anzahl der Kinder pro Frau liege weltweit bei 2,3. In Afrika südlich der Sahara liege sie bei 4,6.

1.5. Je mehr die Erdbevölkerung wächst, desto größer werden ihre Einflüsse auf die Erde und die Menschen selbst. Zusammengefasst sind das:

Artensterben
Artenverschleppung
Klimawandel territorial / auf dem Festland
Abschmelzen der Polkappen
Abschmelzen von Gletschern
Degradation von Böden (Versteppung, Desertifikation)
Rückgang von Permafrost
Folgen des Klimawandels für die Weltmeere
Anstieg des Meeresspiegels
Versauerung der Meere, Zunahme des Kohlendioxidgehalts der Erdatmosphäre
Korallenbleiche
Veränderung von Meeresströmungen
Veränderung des Sauerstoffgehalts
Übernutzung oder Verlust zur Verfügung stehender Ressourcen
Globaler Verlust landwirtschaftlich genutzter Böden. Die weltweite Konkurrenz um verbleibende nutzbare und wertvolle Flächen treibt die Preise für Pacht und Kauf von Land in die Höhe
Zeitpunkt der weltweit maximalen Förderrate von Erdöl scheint erreicht zu sein (Peak Oil)
Endlichkeit des Abbaus von Metallen, Nichtmetallen, Mineralien und seltenen Erden weltweit
Übernutzte Sandgewinnung
Überfischung von ca. 30% der Fischbestände weltweit
Umgestaltung großer Landflächen: Umwandlung von Naturflächen in landwirtschaftliche Kulturflächen, Bergbau (vor allem Tagebau), menschengemachte Strukturen wie Verkehrswege und Bauwerke
Umweltverschmutzung
Gewässerverschmutzung
Luftverschmutzung (Treibhausgase wie Kohlendioxid, Methan, FCKW, Distickstoffmonoxid), radioaktiver Staub
Vermüllung, insbesondere Plastikmüll

(Vgl. https://de.wikipedia.org/w/index.php?title=Anthropozän&ol-did=192226068 vom 13.9.2019)

Die Auswirkungen der gegenwärtig vorhandenen und der wachsenden Erdbevölkerung sind mit den zur Verfügung stehenden wissenschaftlichen Methoden von einer Vielzahl von Autoren gemessen und bewertet worden. Das Ergebnis ist niederschmetternd. Noch ungenügend berücksichtigt, da nicht hinreichend vorhersehbar, sind sogenannte Kipp – Punkte großen Ausmaßes, Domino – Effekte in komplexen Systemen und sich selbst unterhaltende und verstärkende Vorgänge, die nicht mehr aufzuhalten sind. Sie sind geeignet, bereits vorhandene Schadwirkungen erheblich zu verstärken und zu beschleunigen.

Dabei sind die Gefahren durch die auf der Erde vorhandenen und im Weltraum stationierten militärischen Kräfte und Mittel, darunter Kernwaffen, noch nicht einmal erwähnt.

Was oft übersehen wird: Die meisten Ereignisse 1.1. bis 1.5. wirken ständig und gleichzeitig an vielen Orten!

1.6. Im Unterschied zu vielen Tierarten ist das Verhalten des Menschen nicht zwingend auf Vermehrung zur Arterhaltung programmiert. Das Verhalten des Menschen wie der meisten Lebewesen ist auf Bedarfsdeckung und Schadensvermeidung gerichtet, genetisch verankert und von der Umwelt beeinflusst. Allgemein ist bekannt, was zur Deckung des Bedarfs eines einzelnen Menschen notwendig ist: Luft zum Atmen, trinken, essen, sich wärmen können, schlafen, sich mit anderen verständigen, sich vor Schäden schützen, sexuelle Bedürfnisse hinreichend befriedigen. Die zu Geburten führende Fortpflanzung gehört nicht dazu. Ohne zu atmen, trinken und essen kann man nicht leben. Ohne Fortpflanzung schon, und dabei oft recht gut. Nur wenn die Erhaltung der »Art Mensch« gefährdet wäre, könnte die zu einer Geburt führende Fortpflanzung des Einzelnen bedeutungsvoll werden. Das aber ist in den nächsten hunderten von Jahren nicht der Fall, denn wie nachgewiesen ist die Erde stark übervölkert.

1.7. Vergleicht man die Dynamik der Bevölkerungssterblichkeit einerseits und des Bevölkerungswachstums andererseits über die Jahrhunderte, ergibt sich folgendes Bild: Viele Ereignisse und Verhältnisse, die in den zurückliegenden Jahrhunderten zur Begrenzung des Wachstums der Weltbevölkerung führten, fallen heute nicht mehr so schwerwiegend und folgenreich ins Gewicht. Dazu gehörten beispielsweise: Massensterben durch Seuchen wie Pocken, Pest, Cholera, Tuberkulose, bestimmte Tropenkrankheiten und Virusinfektionen / Müttersterblichkeit und Kinderkrankheiten wie Diphterie, Kinderlähmung, Masern / Hungersnöte / langdauernde Kriege überörtlichen Ausmaßes wie der Dreißigjährige Krieg / Auswirkungen von Sklaverei, Leibeigenschaft, Völkermord / Zwangsarbeit, Arbeitsverhältnisse mit erheblichen negativen gesundheitlichen Schäden / Naturkatastrophen.

Die Rückkehr solcher Ereignisse wünscht sich niemand. Naturkatastrophen, Kriege und Hungersnöte allerdings sind nicht aus der Welt.

Durch diese schlimmen Ereignisse und Verhältnisse konnte das Wachstum der Erdbevölkerung zwar verlangsamt, aber nicht aufgehalten werden. Die wachstumsbeschleunigenden Faktoren, die hier nicht alle aufgezählt werden können und die wohl auch noch nicht hinreichend erforscht sind, erwiesen sich als weitaus stärker.

Weshalb sollte die Menschheit, die heute zwang – und verantwortungslos ihr zu Geburten führendes Fortpflanzungsstreben wahrnimmt, sich nicht morgen zwanglos und verantwortungsvoll zurücknehmen können?

2. NOTWENDIGKEIT EINES WELT-WEITEN GEBURTENRÜCKGANGES

Der zu einem der wichtigsten Einflussfaktoren gewordene Mensch korrigiert seine eigene biologische Bevölkerungsentwicklung nicht und bringt sie nicht in Übereinstimmung mit den auf der Erde verfügbaren Ressourcen.

Das Wachstum der Weltbevölkerung (s. Ziff. 1.1.), der Pro-Kopf-Verbrauch jedes Erdbewohners (s. Ziff. 1.2.) und der Verbrauch an Erde-Einheiten (s. Ziff. 1.3.) nehmen ständig zu, die Verfügbarkeit der nicht nachwachsenden Rohstoffe (s. Ziff. 1.4.) nimmt ständig ab, und die Folgen des Klimawandels wachsen ständig. Bisher (12 / 2021) erreichte kein Land das Pariser Klimaziel (Germanwatch und New-Climate-Institut).

Weltweit sind seit langem Verteilungs – und Überlebenskämpfe um die Ressourcen (Trinkwasser, Nahrungsmittel, Rohstoffe u. a.) im Gange.

Weder den Staaten und ihren Organisationen, noch den Großkonzernen und auch nicht den Religionen gelingt es, diese unheilvolle Entwicklung zu verhindern.

Binnenflüchtlinge und übernationale Flüchtlingsbewegungen nehmen zu.

Aus all diesen Gründen werden sich Widersprüche, Verteilungs- und Überlebenskämpfe auf allen Ebenen verschärfen und Menschenrechtsverletzungen häufen.

Es wird alles schnell gehen,
wenn etwas knapp zu werden beginnt. Allgemeine Erscheinungen und Handlungsmuster sind dann:

Verteuerung der knappen Güter. Diverse anfangs noch befürwortete, erträgliche und teils noch hingenommene Einschränkungen für die

Betroffenen. Suche nach Alternativen. Zwang zur Sparsamkeit im Umgang mit den knappen Ressourcen. Gegenseitige Hilfsbereitschaft so lange wie möglich.

Tauschhandel, Schwarzmärkte und Korruption blühen auf. Derjenige macht Gewinn, der die knappen Güter besitzt oder besorgen kann, während derjenige verlustreich auf dem Markt ist, der die knappen Güter und Leistungen braucht, mitunter sogar zum Leben benötigt. Tauschgegenstand kann fast alles sein: Naturalien, Wertsachen, Rohstoffe, Arzneimittel, ärztliche Behandlungen, persönliche Dienstleistungen, Getränke usw.

Es setzt ein zunehmend rücksichtsloseres Wettrennen um die knappen Güter und Leistungen ein, an dem sich Zivilpersonen, Händler und andere Gewerbetreibende, Unternehmen und internationale Konzerne beteiligen.

Die Schwächeren bleiben auf der Strecke.

Anstieg der Einzel – und Bandenkriminalität

Gerüchte werden in Umlauf gesetzt. Panik bricht hier und da aus. Es kommt zu Aufständen der Bevölkerung.

Die Staatsmacht einschließlich Militär versucht, die Ordnung aufrecht zu erhalten, notfalls mit allen zur Verfügung stehenden Mitteln. Versuche, gewaltsam in den Besitz von knappen Gütern zu gelangen; Kriegsgefahr.

Bei Mangel an lebenswichtigen Gütern Todesfälle bis Massensterben.

Trifft die Verknappung auf eine ständig größer werdende Bevölkerung, werden die Auswirkungen immer krasser. Die Geschichte kennt genügend Beispiele. Einen vorübergehenden und vergleichsweise geringfügigen Testlauf konnte man in Gestalt der COVID – 19 – Pandemie studieren und persönlich erleben.

Machen wir einen kleinen Zeit- und Gedankensprung. Was passiert, wenn Lebewesen gezwungen werden, in einem mit Lebewesen der gleichen Art überbesetzten begrenzten Raum leben zu müssen, ist experimentell an Ratten erprobt. Es sind Tierversuche beschrieben worden, in denen man ein Paar weiße Ratten in einen begrenzten Raum ausgesetzt hat und sich auf natürliche Weise vermehren ließ, ohne dass der Mensch eingriff. Bei der hohen Vermehrungsrate der Ratten war der Raum bald überfüllt. Die stärksten Ratten setzten sich gegen schwächere, kranke, ängstliche, also unterlegene nicht privilegierte Tiere, durch, vertrieben sie, verletzten sie oder bissen sie tot. Sie verteidigten den von ihnen beanspruchten Platz gegen jeden fremden Anspruch. Es zeigte sich folgendes Bild: »Große Sandflächen sind völlig frei. An anderen Stellen wimmelt es von doppelt und dreifach übereinander krabbelnden Tieren. Starke soziale Magnetfelder haben unverrückbare Kreise geschaffen. An mehreren Stellen kocht es in der Masse, wenn die Ratten an einem ihrer Artgenossen schmarotzen, was sozial zulässig ist. Hier und da liegen große Rattenmännchen in Kiesaufschüttungen und schlafen, eine freie Zone um sich, oder sie kopulieren hastig und unbeteiligt. Die kleineren Ratten sind fast alle irgendwie verstümmelt. Vollständige Schwänze sind selten, ebenso, dass ein Tier seine beiden Ohren hat. Trotz der automatischen Fütterung sind offenbar alle Tiere struppig, voller Ekzeme und unterernährt.« Der stechende Geruch von Rattenkot und Urin erfüllte die Luft. Es wird beschrieben, wie dem Beobachter des Tierversuches übel wurde und er in das Rattenbassin erbricht: »Ein Trupp von fünf weißen Spähern löst sich sofort von einer nahen Rattengemeinschaft – zwei Sekunden später laben sich hundert kreischende Ratten an dem Sojagericht ...«.

Der Versuch wurde über einen längeren Zeitraum aufrechterhalten. In einigen Ländern beteiligten sich auch die Ministerien für Verteidigung und für Zivilschutz an der Finanzierung der Versuche. (Vgl. Jersild, P. C.: Djurdoktorn, 1973, deutsch: Die Tierärztin, Reclam 1975, S. 204 / 205)

Die Menschheit darf nicht in die Nähe eines rattenkäfigähnlichen Zustandes geraten.

Die deutliche Rückführung der Zahl der Weltbevölkerung in Verbindung mit der Verminderung ihres Pro-Kopf-Verbrauches ist objektiv die einzige Stellschraube des Gewichts auf der Waage zugunsten der Erdressourcen. Geschieht das nicht, geraten die zukünftig Geborenen im Kampf jeder gegen jeden zwischen die Fronten.

Aber es bleibt ein unverzichtbares Gebot der Humanität und Menschenwürde: Wann immer ein Mädchen oder Junge geboren wird, dann müssen ihm Schutz, Fürsorge und Förderung der Gesellschaft sicher sein – weniger Kinder, für die aber ein besseres Leben. J. Wilmoth, Direktor der UN-Bevölkerungsabteilung, äußerte in diesem Zusammenhang: Weniger Nachwuchs erhöht die Aufmerksamkeit pro Kind.

3. WIE VERNÜNFTIGE MENSCHEN ZUM GEBURTENRÜCKGANG BEITRAGEN

Gebärstreik / Birthstrike und der Zeugungsstreik haben tiefe soziale Wurzeln und eine ständig wachsende aktuelle Bedeutung. Zu allen Zeiten dachten verantwortungsbewusste Frauen und Männer darüber nach, ob sie in unsicheren Zeiten oder schwierigen sozialen Verhältnissen »Kinder in die Welt setzen« sollen. Zumindest in Selbstgesprächen hat das heute sicher jeder schon einmal getan.

Das Wissen um die Verhinderung und Unterbrechung von Zeugung und Schwangerschaft gehört – abhängig vom Stand praktischer Erfahrungen und naturwissenschaftlicher Erkenntnisse – zum Kulturgut der Menschheit, ist aber beileibe noch kein Allgemeingut, vor allem in den Entwicklungsländern nicht.

Die biologischen Voraussetzungen für Empfängnis, Schwangerschaft, Entwicklung des Embryos bis zur Geburt und die erste kindliche Versorgung liegen nahezu ausschließlich bei der Mutter. Deshalb wird im folgenden hauptsächlich von der Entscheidung der Frauen über Geburtenrückgang und Gebärstreik / Birthstrike berichtet werden.

Jeder Geburtenrückgang, ob auf Gebärstreik / Birthstrike oder Zeugungsstreik zurückzuführen, ist für das Leben auf der Erde hilfreich.

Beispiele:

3.1. Aus der Geschichte

Mit dem 1892 verwendeten Begriff »Gebärstreik« glaubten die Befürworter damals, ein Mittel gegen die Ausbeutung der Arbeiter gefunden zu haben, da dann weniger Arbeitskräfte zur Verfügung stünden und die Löhne dadurch steigen würden. Diese Konzeption war wirklichkeitsfremd.

Der Aufruf zu einem Gebärstreik zur Verhinderung der Geburt zukünftiger Soldaten war 1917 angesichts des Ersten Weltkrieges nachvollziehbar, aber leider erfolglos.

Der Gedanke der Verhinderung von Kriegen durch die Verschwörung von Frauen reicht bis in die Antike zurück. Der griechische Dichter Aristophanes brachte 411 v. Chr. das Stück Lysistrata (griechisch: Heerauflöserin) zur Aufführung, wonach Frauen Athen und Sparta besetzten und sich ihren Gatten sexuell verweigerten – ein Gebärstreik auf Umwegen. Die Hippie – Bewegung formulierte später das Thema »Make love, not war«.

Mehrere Ärzte sahen in einem Gebärstreik ein geeignetes politisches Mittel zur Durchsetzung sozialstaatlicher Forderung nach besserem Mutter- und Säuglingsschutz (Kuhn, A. Hrsg.: Die Chronik der Frauen. Chronik Verlag Dortmund 1992, S. 415).

3.2.   Die Sicht Mahatma Gandhis auf die Fortpflanzung der Menschen

Gandhi schrieb 1922 an seinen Sohn: »Ich meine ganz und gar nicht, dass die Fortpflanzung eine Pflicht ist oder dass die Welt ohne sie einen Verlust erleiden würde. Stell dir vor, jegliche Fortpflanzung würde eingestellt, dies würde nur bedeuten, dass es keinerlei Zerstörung mehr gibt.« (The Collected Works of Mahatma Gandhi, Electronic Book, New Dehli, 1999, Bd. 26, 24. Januar 1923, S. 369). Nach dem Grundsatz der Verneinung von Leiden schwebte Gandhi ein Null-Kind-Verständnis vor.

Angesichts der britischen Kolonialherrschaft in seinem Heimatland Indien schieb Gandhi 1920: »Wenn wir uns vermehren, erhöhen wir nur die Anzahl der Sklaven und Schwächlinge und bleiben bei alldem hilflos, von Krankheiten heimgesucht und vom Hunger geplagt. Erst nachdem Indien ein freies Land geworden, vermeidbares Verhungern abwenden kann … und der Malaria, Cholera, Grippe und anderen Epidemien gewachsen ist, haben wir ein Recht auf Nachkommen. Ich will dem Leser nicht verhehlen, dass ich Berichte über Geburten in diesem Land mit großem Kummer zur Kenntnis nehme.« (Ebenda, Bd. 21, S. 357). Das Hervorbringen neuer Menschen, die zu Leiden und Sterben verurteilt sind, kann Gandhi nicht gutheißen. Da sei es besser, die Fortpflanzung »auf zivilisierter Weise und freiwilliger Basis« zu stoppen. (Ebenda, Bd. 23, S. 89; s. Akerma, K.: Gandhis Gangart, in »tabularasa« 2013). Diese Ansicht wird als eine Form des Prinzips der Gewaltlosigkeit verstanden.

Die Ethik von der Bewahrung der Schöpfung und der Ehrfurcht vor dem Leben strebt danach, Leiden und Schäden für jeden einzelnen Menschen möglichst gering zu halten und für die die Nachwelt gar nicht erst entstehen zu lassen.

3.3. Ein Weg, den das Christentum offen lässt

Einen Weg zum friedlichen und freiwilligen Geburtenrückgang lässt auch das Christentum offen.

Die Bibel sagt, das Denken und Handeln der Menschen sei böse und verfallen durch die Erbsünde. In der Genesis heißt es: dass es Gott reute, »daß er die Menschen gemacht hatte auf Erden und es bekümmerte ihn in seinem Herzen. Und er sprach: Ich will die Menschen, die ich geschaffen habe, vertilgen von der Erde ...«. Das Strafgericht Gottes war die Sintflut, die nur Noah mit seiner Familie und die reinen Tiere, paarweise und jedes nach seiner Art, überlebten. Nach der Flut brachte Noah ein Brandopfer dar, und es geschah Überaschendes, denn die Bibel berichtet: »Und der Herr sprach in seinem Herzen: Ich will hinfort nicht mehr die Erde verfluchen um der Menschen willen; denn das Dichten des menschlichen Herzens ist böse von Jugend auf. ... Und ich richte meinen Bund also mit euch auf, daß hinfort nicht mehr alles Fleisch verderbet soll werden mit dem Wasser der Sündfluth, und soll hinfort keine Sündfluth kommen, die die Erde verderbe.« Gott schloss also einen neuen Bund mit Menschen und Tieren. Zeichen dieses Bundes ist der Regenbogen. »Meinen Bogen habe ich gesetzt in die Wolken, der soll das Zeichen sein des Bundes zwischen mir und der Erde.« (Zitate nach dem 1. Buch Mose, nach der deutschen Übersetzung Martin Luther's, Stettin 1898).

Über den Grund des Sinneswandels Gottes berichtet die Bibel nichts. Ihn zu hinterfragen ist nicht zulässig. Was aber geschieht mit der Menschheit, denn sie entwickelt sich böse weiter. Prophezeit werden letztlich die Auferstehung und das Jüngste Gericht.

Könnte die Menschheit bis dahin nicht den friedlichen und freiwilligen Weg ihrer eigenen Rücknahme gehen, ihrer Verminderung durch Geburtenrückgang, bis sie sich wieder im Einklang mit den natürlichen Ressourcen befindet? Und das mit dem Segen der Kirche, besser noch mit ihrem Geleit?

3.4. Ein ganz anderes aktuelles Beispiel aus dem 21. Jahrhundert
In Südkorea lag 2018 die Fruchtbarkeitsrate erstmals bei weniger als einem
Kind pro Frau, 2019 bei 0,92. Die Fruchtbarkeitsrate ist nirgends auf der
Welt geringer. Anders als Zukunftssorgen um Klima und Umwelt sind unter
anderem finanzielle Sorgen, familienunfreundliche Arbeitszeiten und Be-
nachteiligung von Frauen maßgebend. In diesem Zusammenhang hat sich
die sogenannte »4b« – Bewegung entwickelt: Nein zu Sex / Beziehungen/
Ehe /Kindern. (Peters, G. K.: Der Spiegel. 7.3.2020)

3.5. Neue Frauenbewegung
Seit einiger Zeit gibt es weltweit eine stärker werdende Frauenbewegung,
die zum Gebärstreik / Birthstrike oder zur Adoption eines vorhandenen
Kindes oder zur Ein-Kind-Entscheidung aufruft. Als hauptsächliche
Gründe werden Angst vor einer Klimakatastrophe und Sorge um das Wohl-
ergehen zukünftiger Kinder infolge der Verknappung von Ressourcen auf
der Erde angegeben.
In ihrem 2019 erschienen Buch »Kinderfrei statt Kinderlos – ein Mani-
fest« erklärt die deutsche Autorin Verena Brunschweiger, dass sie auf Nachwuchs verzichtet. Protest gegen die Schädigung der Umwelt und feministi-
sche Überzeugung sind ihre Motive. Die Autorin zeichnet ein umfassendes
Bild über die Probleme, in die eine Frau durch die in Staat und Gesellschaft
noch vorherrschende traditionelle Geschlechterrolle gedrängt und in ihrer
Selbstbestimmung und Selbstachtung eingeschränkt wird, was man dagegen
unternehmen kann und wie man dabei gewinnt. Detailreich wird die Situation in westlichen Ländern charakterisiert. Dabei werden auch Erfolge der
Kinderfrei – Bewegung deutlich.
Das Lebensmodell der Mehrheitsgesellschaft stellt Nadine Pungs mit
ihrem Buch: »Nicht Mutter sein« infrage (Piper Verlag, München 2022).
Sie bezeichnet es als einen Versuch, »ihr Nichtmuttersein als vollends
gleichrangig neben dem Muttersein aufzustellen und das Bewusstsein für
diese Form der Selbstermächtigung im sozialen Diskurs zu etablieren«.
Und sie hat ihre Aussage auch unmissverständlich dauerhaften persön-
lichen Nachdruck verliehen. Der Leser wird mit einer Fülle von Sach-
informationen und einem Feuerwerk von logischen und vernünftigen
Argumenten ausgerüstet, nimmt Sarkasmus, beißenden Spott und ent-
waffnende Offenheit, aber auch Ergriffenheit und Feinfühligkeit wahr.

Ein im Streben nach Bevölkerungsrückgang hilfreiches Buch. Für Jugendliche geeignet.

3.6. Empfängnisverhütung und Schwangerschaftsunterbrechung
Schon im Altertum wurden Verhütungsmittel und – verfahren verwendet. Zunehmend im 20. Jahrhundert entwickelte man zahlreiche sichere und verlässliche Mittel zur Empfängnisverhütung (natürliche, mechanische, hormonelle, chemische und chirurgische). Pharmakologie und Medizin haben wesentlich zu Fortschritt, Freiheit und Selbstbestimmung beigetragen. Wer heute kinderfrei leben will, hat dazu alle Möglichkeiten. Daran liegt es also nicht.
Hätte es die Fortschritte in Wissenschaft, Medizin und Technik nicht gegeben, würden noch mehr Geburten mit mehr Kindersterblichkeit und Kinderelend die Erde heimsuchen. Dem gegenüber stehen nicht hinnehmbare Versäumnisse in der Bildung ärmerer Schichten der Bevölkerung, vor allem von Frauen, und einem kostenlosen und bedarfsgerechten Zugang zu Verhütungsmitteln.
3.7. Der UN-Bericht zum Weltbevölkerungstag am 11. 7. stellt fest, dass 2020 die Wachstumsrate der Weltbevölkerung erstmals seit 1950 auf unter 1 % pro Jahr gesunken sei. Einige Medien haben darüber verhalten gejubelt. Nachgefragt werden muss jedoch, auf welche Ereignisse die gesunkene Wachstumsrate zurückzuführen ist. Auf höhere Kindersterblichkeit infolge fehlender Nahrung? Kein Grund zum Jubeln. Auf zunehmende Verteilungskämpfe? Das haben wir vorausgesagt. Auf welche Auswirkungen des Klimawandels? Man weiß es nicht genau.
Das alles sollte so nicht geschehen, denn nur humane Anstrengungen sollen zum Rückgang der Wachstumsrate führen. Die Bevölkerungszahl wächst trotz Verlangsamung der Wachstumsrate immer noch: Durchschnittlich jede Sekunde kommen 2,6 Erdenbürger hinzu (2018).

Fazit: Die Kinderfreiheit wird von vielen verschiedenen Quellen gespeist, die ständig kräftiger sprudeln. Die Wachstumsrate wird langsam rückläufig – das geht gar nicht anders. Sorgen wir dafür, dass nur humane Gründe ursächlich sind.

4. WAS NICHT GESCHEHEN SOLL

Seit Jahrhunderten haben sich Mediziner und Biologen, Politiker, Ökonomen, Journalisten und Schriftsteller sowie Rassisten, Erbgesundheitsforscher (Eugeniker), selbsternannte Eliten, diverse Stiftungen und Konzerne um Fragen des Bevölkerungswachstums »gekümmert« (vgl. Frey, M.: Zur Genese des globalen Diskurses über Bevölkerung seit 1945. Zeithistorische Forschungen Heft 1-2, 2007).

Reiche Staaten und diverse Stiftungen vor allem aus den USA richteten ihren wirtschaftlichen, politischen und ideologischen Einfluss hauptsächlich auf die Begrenzung der Zahl der Armen in den bevölkerungsreichen »Ländern der dritten Welt« anstatt auf die ökonomische Stärkung dieser Länder. »Fünf gegen das Wachstum der Bevölkerung investierte Dollar sind wirksamer als hundert für das Wirtschaftswachstum investierte Dollar« (US-Präsident Lyndon B. Johnson).

Strategien und Maßnahmen mit sehr unterschiedlichen Zielstellungen und oft unkalkulierbaren Nebenwirkungen wurden entwickelt: »Sozialdisziplinierung« durch Unfruchtbarmachung von Frauen aus sozial schwachen Schichten, koloniale und neokoloniale Biopolitik, massiver staatlicher Druck zu Massensterilisation und Abtreibungen in China im Rahmen der »Ein-Kind-Familie« und in Indien. Geschlechtsbestimmung des Embryos garantiert schließlich einen Sohn, wenn weibliche Embryos vorher abgetrieben werden. Dort, wo in männerdominierten Gesellschaften mit Sohnpräferenz weibliche Embryos selektiert wurden, kam es zu einem Frauenmangel, der zu einer weiteren Herabwürdigung der Frauen zum Wertobjekt und zur Ware führte, die gewinnbringend veräußert oder kollektiv ausgebeutet werden konnte.

Hellhörig und scharfsichtig muss darauf geachtet werden, dass keine unmenschlichen Empfehlungen, Ideologien, pseudowissenschaftlichen Untersuchungen und Verfahrensvorschläge propagiert werden, was in der Vergangenheit mehrfach geschah und bis heute geschieht (vgl. Bierl, P.:

Unmenschlichkeit als Programm. Verbrecher Verlag Berlin 2022). Dazu gehören beispielsweise:

- Opferung von unheilbar Kranken und Behinderten, zumindest müsste man sie an der Fortpflanzung hindern.
- Sozialdarwinistische und rassistische Vorstellungen. Es gäbe einen ewigen Kampf ums Dasein, bei dem letztlich die Stärkeren und Besseren, die Höherwertigeren und Intelligenteren siegen würden, dies sei eine angeborene Verhaltensweise, ein Naturgesetz.
- Die Ärmsten und Dümmsten und die Farbigen pflanzten sich am stärksten fort, das sei teilweise rassisch und damit auch genetisch bedingt.
- Evolutionärer Humanismus und Hoffnung auf einen genetisch bedingten Umbruch, der die Zivilisation auf eine höhere Stufe hebe. Menschliche vorteilhafte Eigenschaften sollten dann genetisch optimiert werden.

Die Staaten müssen Regeln festschreiben, damit sich solche Fehler und Verbrechen in keiner Form und Variante wiederholen und in der Praxis sicher und rechtsverbindlich ausgeschlossen werden. Die Menschen reagieren in der Regel sehr sensibel auf jede Form von physischem und psychischem Druck. Sie versuchen, dem Druck auszuweichen oder Nutzen aus dieser Lage zu ziehen bis hin zum vorauseilenden Gehorsam. Notfalls setzen sie sich auch zur Wehr.

Dem steht keineswegs entgegen, die Menschen von der objektiven Notwendigkeit eines Bevölkerungsrückganges zu überzeugen. Deshalb ist eine rechtzeitige sachliche Information und Diskussion über das Problem des Bevölkerungsrückgangs erforderlich. Die Diskussion erfolgt bereits, allerdings nicht immer sachkundig.

5. UNVERNÜNFTIGE UND SELBST-ZERSTÖRERISCHE GEGNER DES GEBURTENRÜCKGANGS

5.1. Dazu gehören alle, die an möglichst vielen Kindern – den zukünftigen Käufern und Nutzern – Geld verdienen, also jede an Wachstum orientierte Industrie und Dienstleistung einschließlich der entsprechenden Werbebranche. Sie befürchten, dass ihnen Macht und Einfluss schwinden und entzogen werden, wenn die Zahl der Menschen zurückgeht, und damit weniger »Humankapital« verwertet werden kann. Auch stünden den Armeen weniger Rekruten zur Verfügung.

5.2. Ignoranten und Gegner eines Geburtenrückganges sind alle, die nicht viel nachdenken und alles so machen, wie die meisten anderen, wie es immer war, wie die eigenen Eltern es vorgelebt haben, und wie es die meisten Medien propagieren.

5.3. Viele Menschen, die wenig Möglichkeiten zu einer Bildung haben, darunter leider viele benachteiligte Frauen, wissen wenig über ihre Körperfunktionen und über Fortpflanzung Bescheid. Verhütungsmittel und – methoden sind entweder nicht bekannt, nicht verfügbar oder werden abgelehnt, weil Kinderreichtum, vor allem Söhne, als erstrebenswert gelten.

5.4. Menschen, die streng nach den Geboten der katholischen Kirche, von Evangelikalen oder anderer religiöser Fundamentalisten leben wollen und sollen und deshalb Empfängnisverhütung und Schwangerschaftsunterbrechung ablehnen. Der Papst hat bei Schwangerschaftsunterbrechungen höchst unangemessen von »Auftragsmord« und »Euthanasie wie bei NS-Regime« gesprochen. Ein Religionsführer sollte solche Vokabeln besser nicht in den Mund nehmen. Frauen leiden, oft unbewusst, unter männerdominierten Religionen und Gruppen, denen sie sich unterordnen müssen oder wollen.

5.5. Eine relativ kleine Gruppe, deren Größe statistisch nicht erfasst ist, sind die kommerziellen Leihmütter und ihre Besteller. Als Leihmutterschaft gilt eine Technik der assistierten Reproduktion, bei der ein Kind durch eine Frau ausgetragen wird, die nicht seine biologische Mutter ist, da der eingepflanzte Embryo keine genetische Verbindung mit ihr hat. Es handelt sich in der Regel um eine Geschäftsbeziehung zwischen Besteller und Austrägerin, wobei letztere ihre Schwangerschaftsfähigkeit anbietet und ihre Gebärmutterfunktion gegen Entgelt vermietet. Das geborene Kind wird verkauft, seine pränatale Bindung mit der leiblichen Mutter und das Kindeswohl zählen dabei nicht. Spezialisierte Anwaltskanzleien, Kliniken und diverse Agenturen haben dieses Geschäftsmodell entdeckt, Musterverträge mit Allgemeinen Geschäftsbedingungen entworfen und mit »All-inclusive-Programmen« beworben. Ehe diese Form des Menschenhandels weiter um sich greift, sollte sie weltweit verboten werden. Ein ernst zu nehmender Wunsch nach einem Kind lässt sich anders regeln als durch Leihmutterschaft, beispielsweise durch Adoption eines schon vorhandenen Kindes.

Es ist wohl deutlich geworden, weshalb die Gegner des Geburtenrückganges die ihnen drohenden Einbußen fürchten.

6. ÄNGSTE VOR NEGATIVEN FOLGEN EINES GEBURTENRÜCKGANGS WERDEN OFT INS FELD GEFÜHRT:

Geht es um das Wachsen der Weltbevölkerung und um einen notwendigen Geburtenrückgang, dann hört man regelmäßig das Argument: Da sollen doch erst einmal die bevölkerungsreichsten Länder und die Volksgruppen mit übermäßig vielen Kindern anfangen. Und noch drastischer: Die vermehren sich wie die Karnickel! Und dann emigrieren sie in die wohlhabenderen Länder.

So funktioniert es aber nicht.

Schaut man sachlich näher hin, ist es selbstverständlich so, dass bestimmte Bevölkerungsgruppen, bei denen oft große Armut und Bildungsmangel herrschen, hohe Geburtenraten haben (s. Weltbevölkerungsstatistiken und nationale statistische Erhebungen). Da muss man sich aber genau an die Fakten halten und die Ursachen suchen.

Die Antworten:

Wer nichts zu essen und nur Zugang zu verschmutztem Trinkwasser und kein Geld hat, Brot und sauberes Wasser zu kaufen, der macht sich auf den Weg dorthin, wo er es bekommt. Nichts und niemand kann ihn daran hindern.

Wenn er um Leib und Leben fürchten muss, weil er in einen Krieg gerät, macht sich auf den Weg dorthin, wo er und seine Familie nicht um Leib und Leben fürchten müssen. Auch hier kann ihn niemand aufhalten.

Abgesehen von Krieg und Vertreibung: Die kritisierten geburtenstarken Volksgruppen müssen erst einmal in die Lage versetzt werden, ihr Problem der Übervölkerung und ihrer Ursachen zu erkennen und, was ebenso wichtig ist, müssen sie in die Lage versetzt werden, materiell etwas dagegen zu unternehmen, damit nicht Altersarmut und Not eintreten, wenn der Familie bei Kinderlosigkeit die Ernährer fehlen, oder wenn Kinderarbeit manchmal die einzige Einkommensquelle ist. Das Argument, man müsse erst einmal bei den Entwicklungsländern und den kinderreichen Völkern und Schichten anfangen, ist deshalb primitiv.

Die deutschen Sorgen:

6.1. In Deutschland gäbe es schon jetzt einen Mangel an Fachkräften auf mehreren Gebieten, da könne man sich nicht noch weniger Nachwuchs leisten.

Die Antwort:
Deutschland kann mit weniger Einwohnern auskommen, zumal ständig an arbeitskräfteeinsparenden Technologien gearbeitet wird.

Wenn es 2021 in Deutschland Engpässe bei einigen wichtigen Berufen gibt, so deutet das auf die Unfähigkeit der dafür Verantwortlichen und strukturelle Fehlentwicklungen, z. B. bei Pflegekräftemangel und Lehrermangel, hin, keinesfalls aber wäre das ein Grund, die Geburtenrate nicht zu reduzieren. Arbeitskräfte können bei einer rationelleren Infrastruktur und der Reduzierung überflüssiger Lieferketten eingespart werden. Das deutsche Einwanderungsrecht ist anzupassen (s. Kapitel 6.3.).

Außerdem wird die Anpassung von einer höheren Bevölkerungszahl auf eine niedrigere viel leichter und ressourcenschonender erfolgen können als umgekehrt.

6.2. Der millionenfache Zuzug von Migranten, insbesondere Wirtschaftsmigranten mit Familien bzw. Nachzug von Familien führe irgendwann dazu, dass die einheimische Bevölkerung zur Minderheit wird. Mit dieser Situation hätten mehrere Staaten zu kämpfen, darunter die USA. Dort befürchten die weißen Amerikaner, gegenüber den schwarzen und den Latinos bald in der Minderheit zu sein. In der Regel hätten die Migranten auch wesentlich mehr Kinder als die weißen Einheimischen.

Die Antwort:
Eine aus einem Ursprungsgebiet hervorgegangene und über einen lan-
gen Zeitraum unverändert fortbestehende einheitliche Bevölkerungs-
zusammensetzung hat es nur selten gegeben und wird es in Zukunft immer
weniger geben. Und was würde eine solche Bevölkerung für einen Vorteil
bringen? Sehen wir uns unsere Menschen an. Werfen wir einen Blick in
unsere Vergangenheit. Zugespitzt formuliert: Wäre es denn schlecht für
Mitteleuropa gewesen, wenn es die vielen Mitglieder der deutschen Nazi-
partei bis 1945 gar nicht gegeben hätte?

6.3. Die sogenannten Wirtschaftsflüchtlinge erhielten, sofern sie Asyl
bekommen oder geduldet werden, mannigfaltige Sach- und Geld-
leistungen und soziale Unterstützungen. Für sie lohne es sich, möglichst viele Kinder zu haben. Arbeiten müssten sie dann nicht mehr.

Die Antwort:
Fest steht: Internationale Flüchtlingskonventionen und Abkommen auf
diesem Gebiet müssen eingehalten werden. Darüber hinaus bestimmt
Deutschland über den Zuzug, das Verfahren und die Rechtsstellung der
Migranten in seinem Staatsgebiet selbst und hat für die Einhaltung dieser
Rechtsnormen zu sorgen. Befürchtungen wegen übermäßiger Migration
sind entstanden, weil die zuständigen Staatsorgane die eigenen Rechtsvor-
schriften nicht einhalten.

Papier, Deutschlands höchster Richter a. D., (Die Warnung. Wie
der Rechtsstaat ausgehöhlt wird. Wilhelm Heyne Verlag München. 3.
Aufl. 2019. S. 47 ff., S. 89 / 90) schreibt hier von einer Bankrotterklärung
des Rechtsstaates und führt dazu aus: Die unbegrenzte Einreise von Migranten in einem bestimmten Zeitraum, vor allem 2015, war eine Verletzung
des deutschen Asylrechts und der europäischen Dublin-III-Verordnung.
Bürger aus einem Nicht-EU-Land konnten nach Deutschland eineisen, um
hier dauerhaft oder für eine gewisse Zeit zu bleiben. Es kam zur illegalen
Einwanderung von Personen, die ersichtlich kein Recht auf Asyl oder auf
internationalen Schutz in Deutschland und der EU haben. Allein die Er-
klärung, einen Asylantrag stellen zu wollen, reichte für eine Einreise aus, die
häufig zu einem Aufenthalt von nicht absehbarer Dauer führte.
Das sicherheitspolitische und wirtschaftspolitische Staatsversagen auf

diesen Gebieten muss ein Ende haben und einem ordnungsgemäßen Einwanderungsrecht Platz machen, das von der Mehrheit der Bevölkerung angenommen wird. Damit kann auch Erscheinungen eines geburtenfördernden Sozialschmarotzertums, wo es ein solches geben sollte, ein wirksamer Riegel vorgeschoben werden.

Selbstgebastelte Moralvorstellungen einer grenzenlosen Willkommenskultur können kein Recht ersetzen, sondern höhlen die Rechtsordnung aus.

Die scheinheilige und Fluchtursachen ausblendende sogenannte Willkommenskultur schlägt dem Reichtum des Weltkulturerbes, das es zu bewahren gilt und aus dem die Menschheit heute noch schöpft, geradezu ins Gesicht.

6.4. Wenn es tatsächlich eine Übervölkerung gibt, weshalb unterstützt dann der Staat noch das Kinderkriegen? Es müssten doch diejenigen unterstützt werden, die beispielsweise bis zum Alter von 50 Jahren keine Kinder bekommen haben.

Die Antwort:
Die herrschende Meinung und die Mainstreamer in Deutschland und in manch anderen Ländern denken noch nicht so weit. Staatsdiener denken in der Regel nur in Wahlperioden. Man müsste die Berufsgruppe der Förster fragen, wie sie über den Wald denken, der hundert Jahre, vom Sämling an, wachsen muss – und sollte ihnen für die Antwort etwas Zeit lassen.

Fragen und Probleme wie die unter Ziff. 6.1. bis 6.4. genannten, werden von offizieller Seite und von den Medien meist entweder verschwiegen, nicht ernst genommen, als völkisch oder rechtsextrem bezeichnet und erhalten keine Stimme, geschweige denn eine Antwort.

Dabei sind gegenwärtig schon genügend sozialverträgliche Lösungen bekannt, die eine Übervölkerungskatastrophe mit Verteilungs- und Überlebenskämpfen verhindern können, menschenwürdige Lösungen eben.

7. GEBURTENRÜCKGANG UND STEIGENDES LEBENSALTER

Überraschend viele Menschen halten der Forderung nach Geburtenrückgang entgegen, dass es bei der zweifellos vorhandenen Übervölkerung der Erde doch erst einmal darauf ankomme, die Zahl der Alten und Schwerstpflegefälle, nun ja, zumindest einmal zu betrachten und den Wunsch nach Sterbehilfe besser zu berücksichtigen. Dieses Argument kommt, so scheint es, hauptsächlich von den Jüngeren, was logisch wäre, denn sie haben die Phase des Alterns, besser des Lebensabends, noch nicht gefühlt. Hinzu kommt, dass der Mainstream von Generationengerechtigkeit faselt und den Vorwurf verbreitet, dass die Population der gegenwärtig Lebenden der Jugend »die Zukunft klaut«, also Jung gegen Alt ausspielt. So ist es nicht verwunderlich, wenn viele Jugendliche glauben, es ginge von ihrer zukünftigen Lebensqualität ab, wenn sie das Leben der Rentner und Pflegefälle unterhalten und verlängern müssten, aber selbst keine Kinder bekommen sollen. Statistisch gesichert sind diese Aussagen allerdings nicht.

Wie beim Geburtenrückgang machen die Gesellschaft und der Staat auch beim wachsenden Lebensalter und den daraus resultierenden Folgen einen großen Bogen. Sie wollen die Probleme nicht öffentlich diskutieren, geschweige denn ernsthaft lösen, obwohl sehr viele Menschen darüber nachdenken, vor allem wenn ihre Lebenswirklichkeit davon berührt wird.

Bringen wir Ordnung in das Gefüge. Zunächst muss auf den wesentlichsten Unterschied zwischen Geburtenrückgang einerseits und Sterbehilfe andererseits hingewiesen werden. Beim Geburtenrückgang ist noch kein Leben da und beim legalen Schwangerschaftsabbruch erst in einer sehr niedrigen Entwicklungsphase nicht selbst lebensfähig. Bei der Sterbehilfe dagegen geht es darum, Leben, das in der Regel schon länger auf der Welt war, gelernt und gearbeitet hat, zu beenden, und zwar durch freie Entscheidung des Lebenden. Geburtenrückgang und Sterbehilfe dürfen also nicht gleichgesetzt werden, selbst wenn beide zum erstrebten Bevölkerungs-rückgang beitragen. Und: Weil die Zahl der Geburten zurückgeht, dann geht zeitversetzt auch die Zahl der Alten und Sterbenden zurück. Diesen Zeitunterschied wird man wohl noch überbrücken können.

Außerdem stellen nicht wenige Rentner ihre Kraft entsprechend ihren gesundheitlichen Möglichkeiten, ihrer fachlichen Qualifikation und ihrer Erfahrung weiterhin über das Pensionsalter hinaus zur Verfügung, je älter, je länger. Das sollte besser gefördert werden.

Die Erkenntnisse der Palliativmedizin, ein vernünftiger und natürlicher Umgang mit Methoden der Sterbehilfe und eine dringend notwendige Pflegereform und Rentenreform schaffen menschenwürdige Voraussetzungen für eine selbstbestimmte Beendigung des Lebens.

Die Alten sind also mit Sicherheit kein Hinderungsgrund für die Notwendigkeit des Geburtenrückgangs der Weltbevölkerung. Mehr muss dazu nicht gesagt werden.

8. WIE VOLLZIEHT SICH DER GEBURTENRÜCKGANG?

8.1. Bleiben wir, wie von Beginn an, bei den gesicherten Fakten. Eine Liste der Länder, nach der Geburtenrate im Jahr 2021 geordnet, kann man nachlesen (hier bei: https://de.wikipedia.org/wiki/Liste-der-Länder-nach-Geburtenrate). Die gleiche Quelle listet die Entwicklung der Fertilitätsraten der Frauen in Fünfjahresabschnitten von 1950 bis 2015 auf.

Die Fertilitätsrate gibt an, wieviel Kinder eine Frau im Durchschnitt in ihrem Leben hat. In modernen Gesellschaften mit geringer Säuglings- und Kindersterblichkeit geht man davon aus, dass rechnerisch 1-2 Kinder pro Frau geboren werden müssen, um die Bevölkerung »ohne Wanderung« langfristig auf einem konstanten Niveau zu halten.

Die jährliche Anzahl der Geburten pro 1000 Einwohner ist eine weitere Größe zur Beurteilung der Bevölkerungsentwicklung. Dabei kommt es auch auf das durchschnittliche Alter der Bevölkerung an. Ist der Anteil der Menschen im gebärfähigen Alter sehr hoch, kann die Anzahl der Geburten trotz einer relativ niedrigen Fertilität noch hoch sein.

Die Statistik stützt sich auf die Angaben der Vereinten Nationen und dürfte, soweit das möglich ist, den Sachverhalt annähernd widerspiegeln. Dem Leser sollte der Zugriff auf diese interessanten Angaben über das Internet leicht möglich sein.

Er wird bemerken, dass die Fertilitätsrate am höchsten in allen afrikanischen Ländern zu Buche steht und dass sie in den meisten mitteleuropäischen Staaten niedrig liegt. Der Weltdurchschnitt der Fertilität beträgt 2,32. Die Anzahl der Geburten pro 1000 Einwohner liegt im Weltdurchschnitt bei 16,9.

In Deutschland und Österreich geht die Fertilitätsrate im Laufe der Jahre 1950 bis 2015 zurück und bleibt auf relativ niedrigem Niveau.

Neben den Vereinten Nationen interessieren sich auch andere Organisationen für die Bevölkerungsdynamik, wie das CIA World Factbook zeigt, das von Angestellten der US-Regierung erarbeitet wird und dessen öffentlich zugängliche Version seit 1994 im Internet erscheint.

8.2. Unter bestimmten Bedingungen kann in mehreren Ländern über längere Zeit eine Fertilitätsrate um 1,3 festgestellt werden, darunter die Volksrepublik China (1,16), die Ukraine (1,25), Spanien (1,28), Italien (1,28), Japan (1,30). Südkorea liegt bei 0,88, Hongkong bei 0,75.

In anderen Ländern liegt die Fertilitätsrate unter den dort vorhandenen Bedingungen dauerhaft höher, so in Niger (6,82), in Somalia (6,31), Mali (5,96), Angola (5,30), Nigeria (5,24).

Die Fertilitätsrate und auch die Zahl der Geburten pro 1000 Einwohner hängen also wesentlich von den jeweils herrschenden Bedingungen ab. Ohne eine gewissenhafte Untersuchung dieser Bedingungen sind Aussagen über die Ursachen der Bevölkerungsbewegungen eines Landes und Vergleiche zwischen einzelnen Ländern nur schwer möglich.

Zum Bedingungsgefüge bzw. den gesellschaftlichen Verhältnissen gehören die wirtschaftliche Lage der Bevölkerung, vorhandene klimatische Bedrohungen (Wassermangel, Vorhandensein von Nahrungsmitteln, Überschwemmungen, Missernten usw.), Einflüsse von Politik, Meinungsmacht und Traditionen, aber auch Arbeitsbelastungen, die gesellschaftliche Lage von Frauen u.a.m.

Dieses Bedingungsgefüge ist ausschlaggebend für die Entscheidung, eines oder mehrere oder keine Kinder haben zu wollen. **Der Wunsch, kein Kind haben zu wollen, ist nicht eine Entscheidung gegen das Kind, sondern gegen das Leid zukünftiger Kinder.** Die Liste der Länder nach Geburtsraten zeigt, dass Fertilitätsraten dauerhaft um 1,0 möglich sind, freilich unter bestimmten Bedingungen, die damit im selben Atemzug genannt werden müssen. Die Frauen sind unter diesen Umständen selbst darauf gekommen, dass ein Leben ohne Kind oder mit nur einem Kind für sie das Beste ist.

Selbst unter komplizierten Bedingungen liegt es im ureigenen Lebensinteresse vor allem der Bevölkerungsgruppen mit sehr hohen Fertilitätsraten, zu vernünftigen Geburtsraten zu gelangen.

8.3. Welche Schlussfolgerungen die Menschen aus dem Klimawandel
und der Begrenztheit der Ressourcen ziehen werden, hängt einerseits
vom Ausmaß der Schadwirkungen und der Verteilungskämpfe ab,
von denen die Menschen unmittelbar betroffen sind, und andererseits von der Effizienz der Gegenmaßnahmen. Das alles lässt sich nicht
mit Sicherheit vorhersagen.

**Andererseits sind die Menschen in hohem Maße beeinflussbar. Die reale
Geschichte kennt bis in jüngste Zeit genügend Beispiele für die Einfluss-
nahme auf das Zustandekommen von Massenaktionen der Bevölkerung
in sehr unterschiedlicher Weise. Das sogenannte digitale Zeitalter hat
hier gewaltige Möglichkeiten eröffnet, die teilweise schon genutzt werden. Sie in den Dienst der Gemeinschaft zu stellen und eine Übereinstimmung von Erdbevölkerung, Geburtenrate und Ressourcen anzu-
streben, wäre vernünftig und ist tatsächlich alternativlos.**

Wenn eine drastische Verschlechterung der Lebensbedingungen in kurzer
Zeit mit wenig Aussicht auf Besserung eintreten würde, kann der Rückgang der Geburtenraten sehr schnell bis zu panikartigen Reaktionen vor
sich gehen. Um eine solche für alle ungünstige Entwicklung in Grenzen
zu halten, sollte der Geburtenrückgang ideell und materiell langfristig vor-
bereitet und realisiert werden.

8.4. Trotz Geburtenrückganges werden Egoismus und Verteilungskämpfe
zwischen den Menschen nicht völlig aufhören. Günstigstenfalls werden sie zurückgehen, wenn Bevölkerungszahl und Ressourcen auf der
Erde sich annähern. Der Fortschritt von Wissenschaft und Technik
wird die Auswirkungen von Klimawandel und Ressourcenschwund
vielleicht verzögern, nicht aber völlig aufhalten können.

9. FAZIT

9.1. Der Druck des Ressourcenschwundes der Naturgüter und der Folgen des Klimawandels einerseits und der realen gesellschaftlichen Verhältnisse auf die Weltbevölkerung nimmt ständig zu. Notwendige Entscheidungen werden nicht rechtzeitig getroffen. Die Gefahren von schwerwiegenden Verteilungskämpfen, von zunehmenden Flüchtlingsströmen und von Kurzschlussreaktionen verheerenden Ausmaßes wachsen.

Die von den Staaten, den Unternehmen, den gesellschaftlichen Organisationen und den unendlich vielen Protestaktionen der verschiedensten Art angestrengten Gegenmaßnahmen reichen nicht aus.

Welche Maßnahmen sind überhaupt wirksam? Eine schnelle Überwindung der kapitalistischen Wirtschaft ist nicht in Sicht.

Der Versuch, ein wie auch immer funktionierendes sozialistisches System aufzubauen, ist vorerst gescheitert. Wie China sich entwickeln wird ist ungewiss. Damit die Einflüsse der wachsenden Erdbevölkerung mit ihrer herrschenden Wirtschaftsweise nicht zur Selbstzerstörung der Menschheit führen, müssten notgedrungen Änderungen herbeigeführt werden. Da Systemänderungen nicht in Sicht sind, bleibt nur übrig, **partielle Lösungen und Anpassungen** zu suchen. Das heißt: Die an der Macht befindlichen Gruppen werden unter dem Zwang der Ereignisse versuchen, die Probleme schrittweise anzugehen.

Dazu existieren viele vernünftige Vorschläge, was nicht verwunderlich ist. Denn Vernunft ist das oberste Erkenntnisvermögen, das den Verstand kontrolliert. Der Verstand ist die Fähigkeit des Menschen zum logischen Denken und Problemlösen. Handeln (Tun oder Unterlassen) ist dann vernünftig, wenn es menschenwürdig ist, dem Gemeinwohl dient und deshalb von verständigen Menschen empfohlen werden kann. Vieles deutet aber darauf hin, dass bei der entscheidenden Mehrheit ein vernünftiger

Entscheidungsprozess nicht stattfinden wird. Es scheint so zu sein, dass viele Menschen nicht organisiert zu vernünftigem Handeln geführt werden können. Sie beherrschen die Produktivkräfte nicht mehr, die sie selbst entwickelt haben. Die Gefahr einer schleichenden, unaufhaltsam fortschreitenden Selbstzerstörung der Menschheit wächst. Keine Kraft ist in Sicht, die wirksam Einhalt gebieten könnte.

9.2. Als einzige Möglichkeit, der Gefahr unter diesen Umständen Einhalt zu gebieten, bliebe der freiwillige und menschenwürdige Geburtenrückgang. Alle anderen Maßnahmen haben sich nicht als ausreichend erwiesen, um zumindest erst einmal das Gleichgewicht zwischen den schwindenden Ressourcen und der Zahl der Weltbevölkerung herzustellen. Es handelt sich offenbar um einen objektiven und sehr langsam verlaufenden Prozess, der durch die realen täglich ablaufenden Ereignisse in aller Welt, wie sie von uns erlebbar sind, befördert wird. Einen schwerfälliger Selbstläufer also. Dabei geschieht der Geburtenrückgang nicht etwa durch Rückentwicklung der gesamten Menschheit auf das Niveau der Steinzeit mit einer damals überschaubaren Bevölkerungszahl, sondern vielmehr Hand in Hand mit der weiteren stürmischen Entwicklung der Produktivkräfte in der heutigen Zeit, mit der Vernunft und Kultur nicht mehr Schritt halten.

Wegen ihrer biologischen Voraussetzungen hat letztlich nur die Frau zu bestimmen, ob in ihrem Körper innerhalb der Empfängniszeit ein Kind mit allen seinen Anlagen in diese Welt hineinwachsen soll oder ob durch Empfängnisverhütung oder Schwangerschaftsunterbrechung späteres Leiden verhindert und Frauen vor unzumutbaren Belastungen bewahrt werden. Welche Macht – außer den Gesetzen der Natur – ist stärker als der Wille einer Frau, die gemäß ihrer Einsicht in die Notwendigkeiten des realen Lebens zu handeln vermag? Als einzelne Frau entscheidet sie über einen winzig kleinen Teil des Wohlergehens der Erde. Da können soziale und technische Revolutionen kommen und gehen – diese Herrschaft der Frau überdauert sie und gewinnt an Einfluss.

Natürlich wissen wir, dass Frau und Mann rechtlich gleichgestellt sein und das gleiche Entwicklungspotential genießen sollen. Dennoch müssen viele Frauen weit entfernt von diesem Zustand leben, der scheinheilig als »westliche Wertegemeinschaft« und »zivilisierte Welt« gepriesen wird.

9.3. Vereinfacht gesehen müssten – spätestens für die letzte Generation – mindestens noch so viel Ressourcen übrigbleiben, dass es einer ausreichenden Zahl von Menschen gelingt, einen anderen längerlebigen Himmelskörper als unsere Erde zu besiedeln und dort zu überleben, falls sie einen finden und erreichen sollten. Immerhin sehen wir mit dem James-Webb-Weltraumteleskop heute schon Bilder von Galaxien, die vor 13 Milliarden Jahren entstanden sein sollen.

Oder sollte man besser hoffen und wünschen, dass es den Menschen niemals gelingen dürfe, einen anderen Himmelskörper als die Erde zu besiedeln? Denn gelänge eine Besiedelung, dann bestünde die Gefahr, dass der Weltraum dieser Art von Mensch dienstbar gemacht würde. Das kann niemand ernstlich wollen.

Wenn in den letzten Tagen der Unbewohnbarkeit der Erde – irgendwann in vielen, vielen Jahren wird das sein – kein Kind mehr geboren werden soll, dann wird das Ereignis nur Erwachsene treffen. Kinder sollen das qualvolle Ende nicht erleben müssen. Die dann noch vorhandenen Erwachsenen können – was ein Kind nicht könnte – frei entscheiden, ob sie ihrem Leben selbst ein Ende setzen, wenn es soweit ist, oder ihr Ende sehenden Auges erwarten wollen.

Aber am letzten Tag soll kein Kind mehr geboren werden.

Suchst du nach Weg und Unterkunft?
Beides liest du hier, denn beides heißt Vernunft.
Und sieh: Vernunft schöpft höchste Kraft
aus dem Born der Wissenschaft,
und ihr Knie, das beugt sie nur
vor den Gesetzen der Natur.

Weitere Hinweise finden sie unter
Burckhardt: Die schwierige Wiedergeburt der Vernunft
ISBN 978-3-7534-3813-9

www.ingramcontent.com/pod-product-compliance
Lightning Source LLC
LaVergne TN
LVHW041806190726
843493LV00008B/2809